Ciclos de vida

El ciclo de vida de un salmón

por Jamie Rice

Bullfrog en español

Ideas para padres y maestros

Bullfrog Books permite a los niños practicar la lectura de textos informativos desde el nivel principiante. Las repeticiones, palabras conocidas y descripciones en las imágenes ayudan a los lectores principiantes.

Antes de leer

- Hablen acerca de las fotografías. ¿Qué representan para ellos?
- Consulten juntos el glosario de las fotografías. Lean las palabras y hablen de ellas.

Durante la lectura

- Hojeen el libro y observen las fotografías. Deje que el niño haga preguntas. Muestre las descripciones en las imágenes.
- Léale el libro al niño o deje que él o ella lo lea independientemente.

Después de leer

- Anime al niño para que piense más. Pregúntele: El salmón tiene siete etapas de vida. ¿Puedes nombrarlas?

Bullfrog Books are published by Jump!
5357 Penn Avenue South
Minneapolis, MN 55419
www.jumplibrary.com

Library of Congress Cataloging-in-Publication Data

Names: Rice, Jamie, author.
Title: El ciclo de vida de un salmón / por Jamie Rice.
Other titles: Salmon's life cycle. Spanish
Description: Minneapolis, MN: Jump!, Inc., [2023]
Series: Ciclos de vida | Includes index.
Audience: Ages 5–8
Identifiers: LCCN 2022004529 (print)
LCCN 2022004530 (ebook)
ISBN 9798885240147 (hardcover)
ISBN 9798885240154 (paperback)
ISBN 9798885240161 (ebook)
Subjects: LCSH: Salmon—Life cycles
Juvenile literature.
Classification: LCC QL638.S2 R495 2023 (print)
LCC QL638.S2 (ebook)
DDC 597.5/5156—dc23/eng/20211001

Editor: Eliza Leahy
Designer: Emma Bersie
Translator: Annette Granat

Photo Credits: Design Pics Inc/Alamy, cover, 4, 15, 16–17, 19, 22, 23bl; Sergey Uryadnikov/Shutterstock, 1; Zykov _ Vladimir/Shutterstock, 3 (top), 20–21, 23tl; Ippeito/Dreamstime, 3 (bottom); Fernando Lessa/Alamy, 5, 8–9, 22, 23tr; yamaoyaji/Shutterstock, 6–7, 22; jack perks/Alamy, 10–11, 22; Minden Pictures/SuperStock, 12–13, 22; Daisuke Kurashima/Dreamstime, 14, 22; Marcos Franchetti/Dreamstime, 18, 23br; Kevin Wells Photography/Shutterstock, 24.

Printed in the United States of America at Corporate Graphics in North Mankato, Minnesota.

Tabla de contenido

De riachuelo a mar

Este pez es un salmón.
Nada en un riachuelo.

En el otoño, pone huevos.
Estos son de color rosa.

alevín
con saco

Los bebés eclosionan en la primavera.

Se les llama alevines con saco.

Ellos comen insectos y plantas.

Crecen.

¡Ahora son alevines!

alevín

alevín
parr

Ellos siguen creciendo.

Los llamamos alevines parr.

Pasa un año.

Ahora son smolts.

Ellos nadan en el océano.

smolts

Ellos viven en el océano.

Se convierten en adultos.

Nadan en bancos.

banco

Los años pasan.

Ahora son adultos reproductores.

Este se vuelve rojo.

Nada río arriba.

Va al riachuelo en el que nació.

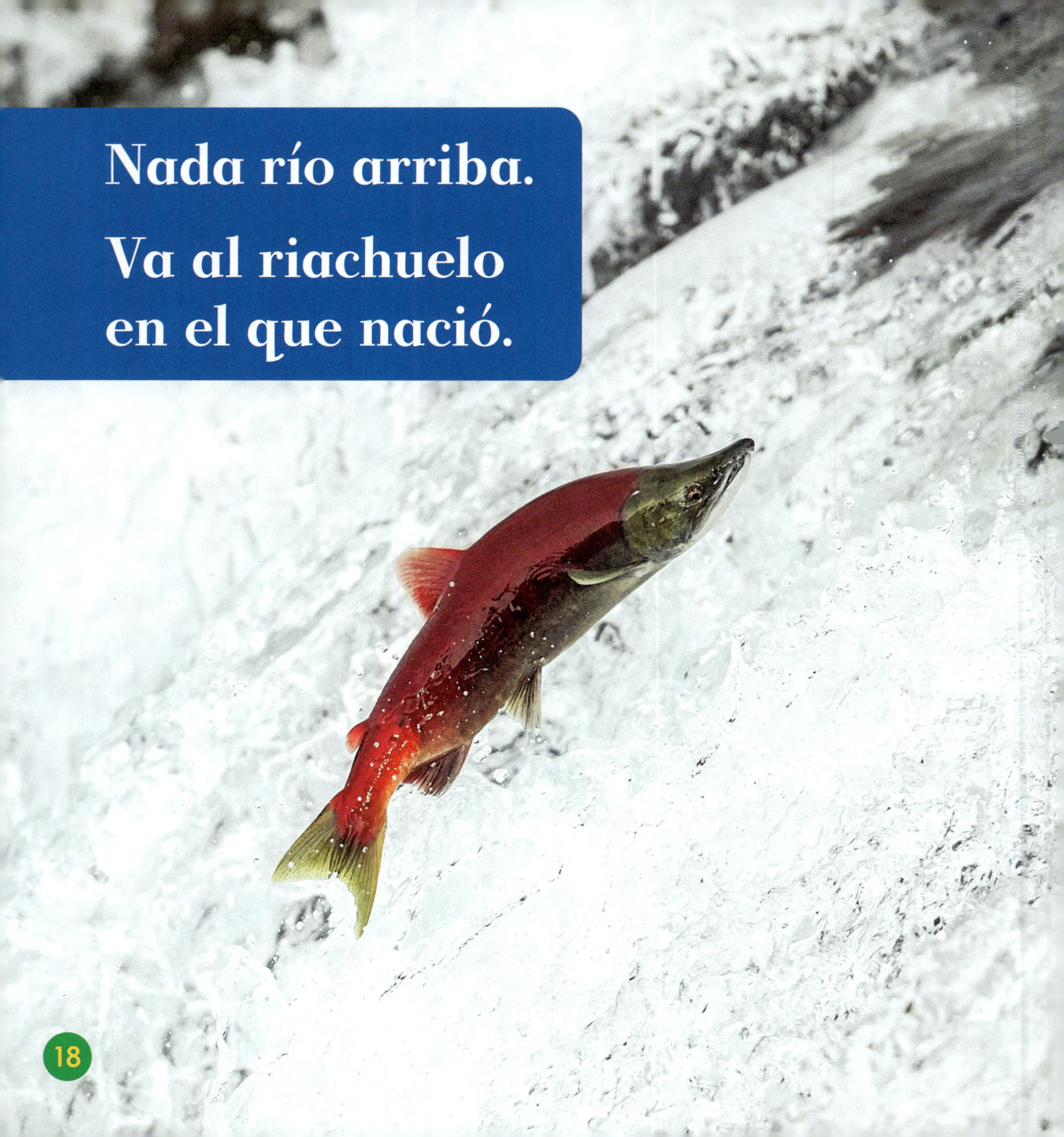

Cava con su cola.
Hace un nido.

Pone huevos.

¡El ciclo de vida empieza otra vez!

El ciclo de vida de un salmón

El ciclo de vida de un salmón tiene siete etapas. ¡Échale un vistazo!

Glosario de fotografías

adultos reproductores
Adultos que pueden producir crías.

ciclo de vida
Los cambios que cada ser vivo atraviesa desde su nacimiento hasta su muerte.

eclosionan
Salen de los huevos.

río arriba
En la dirección contraria de un riachuelo o un río.

Índice

Para aprender más

Aprender más es tan fácil como contar de 1 a 3.

1. Visita www.factsurfer.com
2. Escribe "elciclodevidadeunsalmón" en la caja de búsqueda.
3. Elige tu libro para ver una lista de sitios web.